Inhalt

Grundlagen

Lernplanung

Arbeitsmethoden und Lernstrategien

- Im Heft findest du wichtige Tipps, die dir beim Lösen der Aufgaben helfen.
- Lege die  auf die roten Lösungsfelder, dann werden die richtigen Ergebnisse sichtbar.

Wichtig:
Nimm dir genügend Zeit für die Aufgaben und Übungen. Lies sie nicht nur durch, sondern probiere sie selbst aus. Dann ist der Übungseffekt am höchsten.

Test: Welcher Lerntyp bist du?

1 a) Schau dir die Bilder und die Wörter gut an.
Du hast 20 Sekunden Zeit. Decke sie danach zu.

Schnee

Fenster

Handtuch

Schuhe

Tafel

b) Rechne jetzt diese Aufgaben im Kopf.

6 • 2 + 9 = ____ 18 : 3 – 5 = ____ 5 • 6 + 12 = ____

c) An welche Dinge erinnerst du dich?

____

____

Ich habe mir ____ Dinge gemerkt.

2 a) Lass dir die folgenden Wörter langsam vorlesen.
Decke danach die Wörter zu.

Lampe, Ferien, Brief, See, Fahne, Flugzeug,
Kaktus, Hammer, Kirche, Gabel

b) Rechne jetzt diese Aufgaben im Kopf.

14 • 2 – 9 = ____ 36 : 6 + 9 = ____ 3 • 3 + 32 = ____

c) An welche Wörter erinnerst du dich?

____

____

Ich habe mir ____ Wörter gemerkt.

3 a) Dein Partner gibt dir zehn verschiedene Gegenstände zum Fühlen. Du hast dabei die Augen geschlossen. Deckt danach die Gegenstände ab.

b) Rechne jetzt diese Aufgaben im Kopf.

$32 : 4 + 24 =$ ____ $90 : 3 - 9 =$ ____ $15 \cdot 5 - 4 =$ ____

c) An welche Dinge erinnerst du dich?

____

____

Ich habe mir ____ Dinge gemerkt.

Auswertung

Bei welcher Übung hast du die meisten Wörter aufgeschrieben?

Übung 1: Du lernst besonders gut über das Sehen.

Übung 2: Du lernst besonders gut über das Hören.

Übung 3: Du lernst besonders gut über das Fühlen.

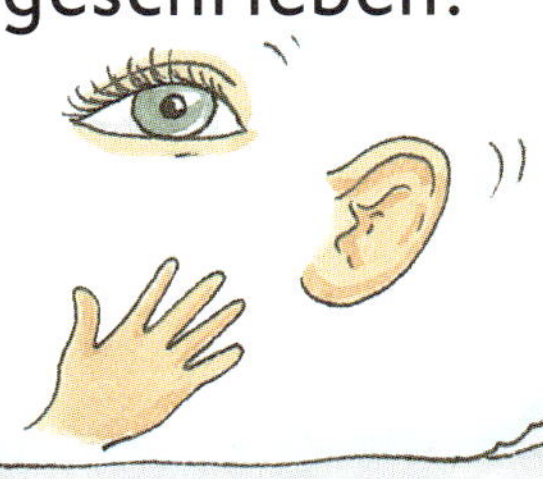

4 Welche Lerntechniken eignen sich besonders gut für das Sehen (S), Hören (H) oder Fühlen (F)? Trage die passenden Buchstaben ein.

- [S] Klebe oder male Bilder zum Unterrichtsstoff.
- [ ] Unterstreiche wichtige Begriffe farbig.
- [ ] Lies dir selbst den Lernstoff laut vor.
- [ ] Sprich den Lernstoff auf Kassette und höre ihn ab.
- [ ] Lass dir den Lernstoff erklären.
- [ ] Spiele Inhalte eines Gedichts / einer Geschichte nach.
- [ ] Notiere dir Merksätze.

Ordnung am Arbeitsplatz

1 Daniela möchte mit ihren Hausaufgaben beginnen, findet aber keinen Platz auf ihrem Schreibtisch. Schau dir Danielas Schreibtisch genau an. Schreibe auf, was sie nicht zum Lernen braucht.

2 a) Wie sieht es auf deinem Schreibtisch aus? Räume alle Dinge weg, die du nicht zum Lernen brauchst.

b) Welche Dinge gehören in den Schulranzen? Setze die Silben richtig zusammen. Sortiere in deiner Tasche aus, was du nicht brauchst.

Tipp Unordnung lenkt dich vom Lernen ab. Räume deinen Schreibtisch immer auf und lege alle deine Arbeitsmaterialien (Füller, Bleistift, Radiergummi, Lineal ...) bereit.

3 Welche Arbeitsmaterialien brauchst du unbedingt? Umkreise die Wörter und trage sie in den passenden Wortrahmen ein.

Spitzer

Spitzer Schere
Briefpapier
Briefumschläge
Bleistift Klebstoff
Kalender Lineal
Radiergummi
Tinte Füller
Tagebuch

4 Überprüfe: Hast du einen idealen Arbeitsplatz?

- ☐ Hat dein Stuhl die richtige Sitzhöhe? (Du solltest mit beiden Füßen auf dem Boden stehen.)
- ☐ Liegen deine Unterarme locker auf dem Tisch?
- ☐ Hast du auf deinem Schreibtisch genügend Platz?
- ☐ Fällt das Licht so ein, dass deine Hand beim Schreiben keinen Schatten wirft?
- ☐ Bist du während des Lernens ungestört?
- ☐ Hast du ein Regal, in dem du deine Schulmaterialien unterbringen kannst?

Hefte sauber führen

1 Wie kannst du dein Heft übersichtlich gestalten?
Lies dazu die Checkliste gründlich durch.

Checkliste: Hefteintrag

Überschrift unterstreichen
Datum notieren
Wichtige Dinge unterstreichen
Merksätze farbig einrahmen
Fehler mit Lineal durchstreichen
Absätze machen
Seitenzahl und Aufgaben notieren
Arbeitsblätter einkleben

2 a) Überprüfe deine Schulhefte:
Welche Punkte hast du beachtet?

Male  oder  in die Liste.

b) Zähle deine Punkte:

 ______  ______

Auswertung:

Mehr als 6  : Dein Heft ist übersichtlich.

Mehr als 3  : Beachte die Punkte auf der Liste.

Tipp Du lernst leichter, wenn du wichtige Dinge unterstreichst und dein Heft übersichtlich gliederst.

3 Schau dir Mirkos Hefteintrag genau an.
Was könnte daran verbessert werden?
Schreibe deine Anmerkungen auf die Linien.

Die Feuerwehr hat viele Aufgaben: Feuerwehrleute löschen nicht nur Brände, sondern helfen bei Verkehrsunfällen und Wasserschäden. Sie fangen entlaufene Tiere ein und schaffen umgestürzte Bäume von der Straße. Eine Feuerwache ist mit einem Löschzug besetzt. Dieser besteht aus 22 Feuerwehrleuten: zwei Löschgruppen mit neun Personen sowie dem Einsatzleiter, dem Zugführer und ihren beiden Meldern.

4 Schreibe den Text ab und gestalte ihn übersichtlich.

a) Schreibe das heutige Datum rechts oben über den Text.
b) Ergänze eine passende Überschrift und unterstreiche sie.
c) Unterteile den Text in zwei sinnvolle Abschnitte. Mache nach dem ersten Abschnitt einen Absatz.
d) Unterstreiche wichtige Stichwörter im Text.

Konzentration

1 a) Schau dir das Bild 30 Sekunden genau an.

b) Decke nun das Bild zu. Erinnerst du dich
an alle Tiere? Male sie genauso an wie im Bild.

2 Nur ein Bild in jeder Reihe ist gleich
wie das erste Bild. Findest du es?

3 Hier haben sich viele Tiere versteckt.
Zähle sie und ergänze die passende Anzahl.

a) Schlange: ____

b) Ente: ____

c) Pferd: ____

d) Fisch: ____

e) Schnecke: ____

f) Schmetterling: ____

4 Kannst du die Geheimschrift entziffern?
Schreibe die richtigen Wörter auf.

Ernotieu	Nuahsrhxomrpnj
Ente	____
Heulnodk	Puaxpwaughezil
____	____

5 Nenne ein Tier. Dein Spielpartner wiederholt das Wort und nennt ein weiteres. So geht es reihum weiter. Jeder wiederholt alle genannten Tiere.

Tipp Konzentrationstraining:

- Schau etwas im Zimmer 60 Sekunden lang an. Lass dich nicht ablenken.
- Stelle eine Uhr mit Sekundenzeiger direkt vor den laufenden Fernseher. Achte zwei Minuten lang nur auf die Bewegungen des Sekundenzeigers.

Sinne trainieren

1 Stell dir zu folgenden Begriffen die passenden Geräusche vor. Welche Dinge hören die Kinder im Wald wahrscheinlich nicht? Streiche sie durch.

1. Fernseher läuft
2. Hahn kräht
3. Telefon klingelt
4. Vogel zwitschert
5. Flugzeug startet
6. Regen prasselt
7. Wasser rauscht
8. Blätter rascheln
9. Tür knallt
10. Äste knacken

2 Schau dir das Bild oben eine Minute konzentriert an. Decke es zu und schreibe auf, was du gesehen hast.

____

____

3 Öffne das Fenster oder gehe nach draußen. Schließe für eine Minute die Augen und versuche genau zu hören, was um dich herum passiert.

4 a) Trainiere deinen Tastsinn: Lege zehn kleine Gegenstände unter ein Tuch. Versuche die Gegenstände nur durch Fühlen zu erraten.

b) Versuche dich blind in eurer Wohnung zurechtzufinden, z. B. in deinem Zimmer.

5 Wie findet Konfetti zu seinem Knochen? Finde zunächst nur mit den Augen den richtigen Weg und fahre ihn dann mit einem Stift nach.

6 Welches Wort passt zu welchem Bild? Verbinde.

a) sauer b) süß c) salzig d) scharf

7 Schau dir die Musterreihen an und zeichne sie weiter.

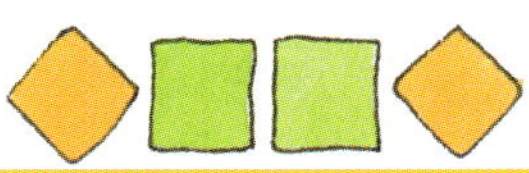

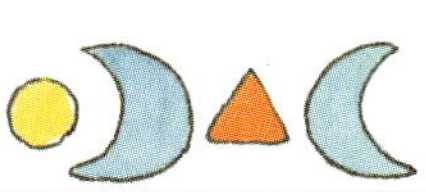

Hausaufgaben erledigen

1 Julian kann sich kaum auf seine Hausaufgaben konzentrieren. Welche Dinge lenken Julian ab? Umkreise sie. Was lenkt dich beim Arbeiten ab?

2 Ergänze die Checkliste und schreibe die passenden Wörter in die Lücken. Karlo hilft dir.

Checkliste: Hausaufgaben

1. Mache Hausaufgaben an einem ______________ Ort.
2. Mache Hausaufgaben möglichst immer zur ______________ Zeit.
3. Wechsle zwischen verschiedenen ______________ ab.
4. Mache zwischen den einzelnen Fächern kurze ______________.
5. Kontrolliere im Hausaufgabenheft, ob du ______________ gemacht hast.
6. Beginne bei den Hausaufgaben stets mit einer ______________ Aufgabe.

3 Viele Menschen haben diese Konzentrationskurve:

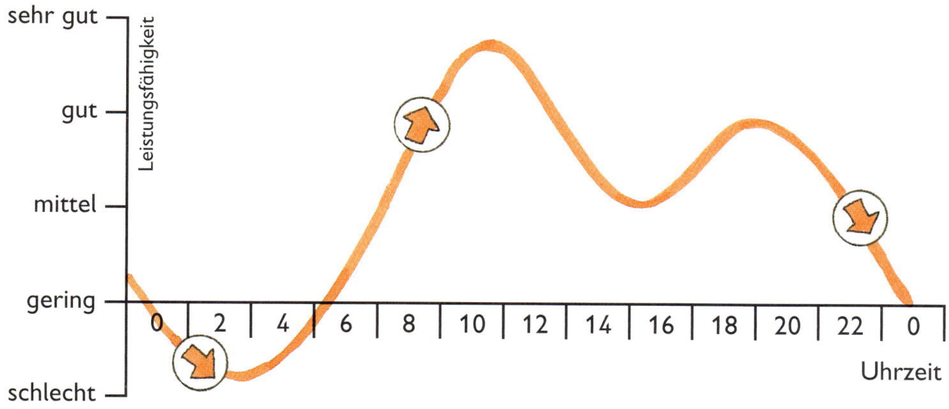

Wann kannst du dich gut konzentrieren? ______ Uhr.
Beginne immer zu dieser Zeit mit den Hausaufgaben.

Tipp Da dein Gehirn nur 20 Minuten ohne Pause lernen kann, solltest du nach etwa 20 Minuten eine kurze Pause machen (höchstens 5 Minuten). Nach spätestens 1,5 Stunden solltest du eine längere Pause einplanen (mindestens 30 Minuten).

4 In welcher Reihenfolge würdest du die Hausaufgaben machen? Trage ein (1.–4.). Beachte die Checkliste.

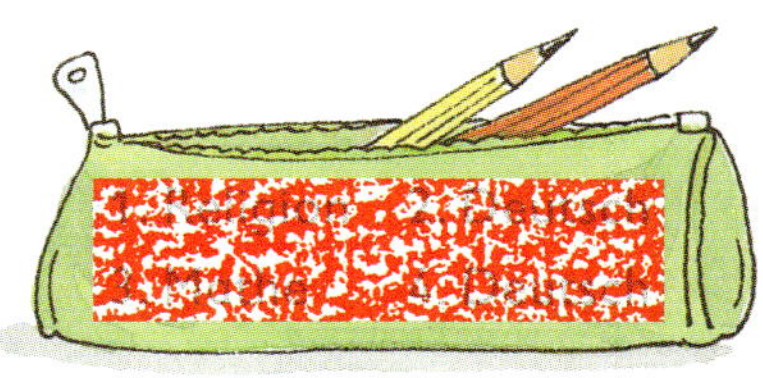

- ☐ Mathe: Buch Seite 17, Nummer 1–3
- ☐ Deutsch: Aufsatzverbesserung
- ☐ Deutsch: Lesebuch Seite 12 lesen
- ☐ Religion: Bild anmalen

5 Wie kannst du dich nach den Hausaufgaben belohnen? Schreibe die Wörter richtig auf.

neleips ______ nesel ______ kisuM neröh ______

Lernpausen

1 Sina macht zwischen den Hausaufgaben öfter eine Pause. Schreibe auf, was du während deiner Lernpausen machst.

2 Die Kinder haben ein Lernplakat vorbereitet. Doch einiges darauf stimmt nicht. Streiche die Tätigkeiten durch, die man während einer Lernpause nicht tun sollte. Der Tipp hilft dir.

Tipp Mache regelmäßig Lernpausen: Öffne das Fenster und bewege dich in dieser Zeit. Danach kannst du dich besser konzentrieren.

3 Auf der nächsten Seite findest du Bewegungsübungen. Probiere jeden Tag eine andere Übung aus.

Bewegungsübungen für Lernpausen

Übung 1: Strecke deine Arme zur Seite aus.
Mache vorwärts und rückwärts Kreisbewegungen im Schulter- und Handgelenk.

Übung 2: Rolle eine Zeitung zusammen.
Halte sie waagrecht in einer Hand und steige vorwärts und rückwärts darüber.

Übung 3: Strecke deine Arme aus und lege ein Buch von einer Hand in die andere.
Schließe dabei deine Augen.

Übung 4: Zerknülle eine Plastiktüte zu einem kleinen Ball. Finde verschiedene Möglichkeiten, den Ball hochzuwerfen und wieder zu fangen.

Übung 5: Setze dich auf die Vorderkante deines Stuhls. Hebe ein Bein an und strecke es.
Klatsche unter deinem gestreckten Bein mit den Händen.
Wechsle mit dem anderen Bein ab.

Übung 6: Klemme deinen Bleistift in dein Kniegelenk. Hüpfe mit dem anderen Bein durch das Zimmer, ohne den Bleistift zu verlieren.

Übung 7: Balanciere deinen Radiergummi auf verschiedenen Körperteilen. Gehe dabei auf und ab.

Übung 8: Setze dich auf deinen Stuhl, hebe die Beine an und bewege sie wie beim Radfahren.

Prüfungsvorbereitung

1 Lukas schreibt nächste Woche eine Klassenarbeit. Seine Schwester gibt ihm hilfreiche Lerntipps. Trage die Wörter an der richtigen Stelle ein.

Pausen
sorgfältig
Frühstücke
tief
Schreibmaterial
eine Woche
Zeitdruck
nervösen
nichts mehr

Checkliste: Klassenarbeiten

1. Beginne ______________ vor der Klassenarbeit mit dem Lernen.
2. Verbessere dein Zeitgefühl. Mache zu Hause Aufgaben unter ______________ .
3. Wiederhole am Morgen vor der Klassenarbeit ______________ .
4. Halte Abstand zu ______________ Mitschülern.
5. Lies dir alle Aufgaben ______________ durch. Beginne mit einer Aufgabe, die du gut kannst.
6. ______________ vor der Klassenarbeit.
7. Nimm das notwendige ______________ mit.
8. Mache beim Lernen regelmäßig ______________ .
9. Atme vor der Klassenarbeit ______________ durch.

2 Lies dir die Tipps von Aufgabe 1 gründlich durch. Unterstreiche sie dann in der jeweiligen Farbe.

a) Das kann ich zu Hause vorbereiten.
b) Das mache ich am Morgen vor der Klassenarbeit.
c) Das mache ich während der Klassenarbeit.

3 Bist du vor der Klassenarbeit angespannt?
Probiere diese Lockerungsübungen aus:

a) Spreize abwechselnd deine Finger und balle sie wieder zur Faust.

b) Lege die Fingerspitzen auf die Schultern und kreise die Ellenbogen vorwärts und rückwärts.

4 Setze dir für die nächste Klassenarbeit Ziele, die du erreichen kannst, z. B. frühzeitig anfangen zu lernen, Note verbessern, Lob bekommen …
Trage sie in den Lernvertrag ein.

Lernvertrag

Ich werde ______________________________

____

____

Ort, Datum ______________________ Unterschrift ______________________

5 Auf welche Dinge verzichtest du, wenn du dich nicht an den Vertrag hältst? Schreibe auf.

Beispiel: Ich sehe eine Woche nicht fern.

____

____

Deutsch: Lesetraining

1 Lisa war mit ihrer Oma im Zoo. Zu Hause schreibt sie einen Text über ihre Lieblingstiere. Unterstreiche die Satzteile, die Schimpansen näher beschreiben.

> In jedem Zoo sind Schimpansen beliebt.
> Schimpansen werden bis zu 1,70 m groß
> und wiegen bis zu 60 kg.
> Ich habe den Schimpansen Bananen
> gebracht. Schimpansen fressen auch
> Früchte, Blätter, Gras und Insekten.
> Sie haben ein langhaariges, schwarzes Fell.
> Am liebsten würde ich sie streicheln.

2 Schreibe die unterstrichenen Satzteile auf Karteikarten. Lies sie dir konzentriert durch. Gib nun den Textinhalt in eigenen Worten wieder.

So kannst du Karteikarten selber machen:
Falte ein DIN-A4-Blatt zweimal zur Hälfte.
Schneide das Blatt an den Faltlinien auseinander.

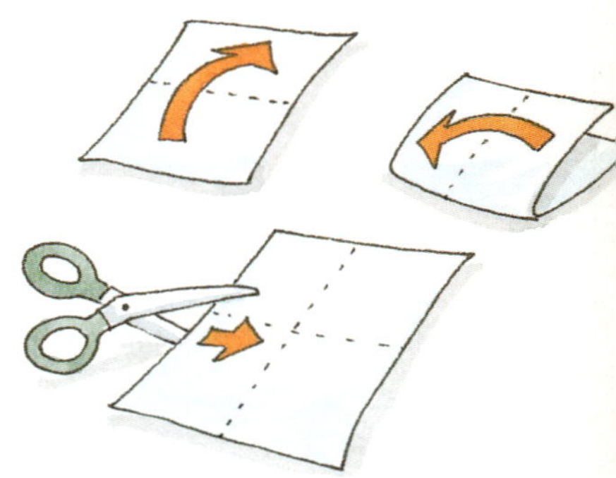

3 Versuche den Text trotz der Lücken zu verstehen.

Lisa ____ im Tierpark. Sie ____
die Affen und danach die En____.
Die Enten schwimmen im ____.
Sie schna____ und schnappen
nach dem ____.

4 a) Lies den Text. Worum geht es?

Die Schildkröte

Der Panzer der Schildkröte ist 25 cm lang. Er ist rundlich und grün gefärbt. Schildkröten fressen kleine Früchte und Insekten. Sie können über 100 Jahre alt werden.

b) Stelle Fragen zum Text und beantworte sie.

Frage	Antwort
1. *Wie lang ist der Panzer?*	1.
2.	2.
3.	3.
4.	4.

Tipp Diese Punkte helfen dir beim Lesen:

- Achte auf die Überschrift: Worum geht es?
- Unterstreiche Wichtiges farbig.
- Wiederhole das Wichtige mit deinen Worten.
- Stelle Fragen zum Text und beantworte sie.
- Nicht jedes Wort im Text ist wichtig, um den Inhalt zu verstehen.
- Lies den Text absatzweise.

5 Drehe aus einem Blatt Papier ein „Fernrohr“.
Schau durch die Öffnung und lies den Text.
Du kannst auch eine leere Küchenrolle verwenden.

Deutsch: Gedichte auswendig lernen

1 Tina und Maike schreiben zusammen ein Gedicht. Versuche das Gedicht so schnell wie möglich auswendig zu lernen. Der Tipp unten hilft dir.

Schon um sieben aufgewacht,
ein schöner Tag, die Sonne lacht.
Zum Baden gehn wir heut ans Meer,
da fällt das Aufstehn uns nicht schwer.

Wir packen unsere vielen Sachen:
Badehose, Ball und Drachen,
Picknickkorb und Luftmatratze,
allein daheim bleibt unsre Katze.

Tipp So lernst du schnell auswendig:
- Lies den Text dreimal nacheinander laut.
- Unterstreiche wichtige Wörter farbig.
- Male hinter jede Zeile ein Bild. Mit den Bildern erinnerst du dich besser an den Text.

2 Sage das Gedicht auf verschiedene Arten auf. Welche Art gefällt dir am besten?

3 a) Lies das Gedicht mehrmals laut.
b) Decke mit einem Papier die rechte Hälfte des Gedichtes ab. Ergänze die Sätze auswendig. Decke danach die linke Hälfte ab und ergänze auswendig die Satzanfänge.

Erst kommt der Marienkäferpapa,
dann kommt die Marienkäfermama
und hintendrein, so klimperklein,
die Marienkäferkinderlein.

Sie haben rote Röckchen an
mit sieben schwarzen Pünktchen dran,
sie machen ihren Sonntagsgang
auf unsrer Fensterbank entlang.

4 Schreibe jede Zeile auf einen Papierstreifen. Lege jeden Streifen an einen anderen Ort im Zimmer. Gehe nun von Streifen zu Streifen. Lies die Sätze laut, bis du sie auswendig kannst.

Da oben auf dem Berge,
da ist der Teufel los,
da zanken sich zwei Zwerge
um ’nen Kartoffelkloß.

Der eine wollt’ ihn haben,
der andre ließ nicht los.
So zanken sich zwei Zwerge
um ’nen Kartoffelkloß.

Deutsch: Rechtschreibtraining

1 Daniel besucht seinen Onkel auf dem Bauernhof. Am Abend schreibt er seine Erlebnisse auf. Finde die Fehler und schreibe die Wörter richtig auf. Die Merksätze unten im Tipp helfen dir.

Der Tag auf dem Bauernhof war ein erlebnis.
Wir haben nähmlich die Tiere beobachtet:
den stoltzen Hahn, das flincke mäuschen und
das gruntzende Schwein. Das war Lustig.
In der dunkelheit bin ich nach Hause gegangen.

____

____

Tipp Diese Merksätze helfen dir bei der Rechtschreibung:

Wer nämlich
mit h schreibt,
ist dämlich.

Nach l, m, n, r,
das merke dir ja,
steht nie tz
und nie ck.

Wörter mit -ig, -sam,
-lich, -los, -bar,
das sind Wiewörter,
ist doch klar.

Wörter mit -heit,
-keit, -ung, -schaft,
-tum, -nis, -chen, -lein
schreibt man groß
und niemals klein.

2 Setze die Wörter auf dem Heuballen ein.

______________ und ______________

werden kleingeschrieben.

______________ werden großgeschrieben.

3 Lass dir die Wörter vorlesen. Wird das Wort am Anfang großgeschrieben, springe in die Luft. Wird es kleingeschrieben, mache eine Kniebeuge.

Herrschaft, mutig,
wunderbar, Hindernis,
einsam, Eigentum,
Heiterkeit, künstlich,
Sprache, furchtlos

4 Ergänze die Sätze: Setze *ck*, *ie*, *tz* und *i* ein.

Ein lang gesprochenes ______ wird meist mit ______ geschrieben. Vor ______ und ______ steht immer ein kurzer Selbstlaut.

5 Schreibe jeden Satz auf einen Papierstreifen. Male auf jeden Streifen eines der sechs Würfelbilder. Würfle, lies und schreibe den Satz auswendig auf.

Auf dem Dachboden ist es dunkel.
Überall stehen Kisten. Sie sind mit
Tüchern abgedeckt. Was da wohl drin ist?
Beim Öffnen knarrt die Kiste.
Es sind nur alte Kleider darin.

Tipp Schreibe deine Lernwörter auf Karteikarten und lege sie auf einen Stapel. Nimm die obere Karte, präge dir das Wort ein und schreibe es auf. War es richtig: Lege die Karte weg. War es falsch: Lege die Karte zurück auf den Stapel und übe das Wort nochmals.

Mathematik: Rechenvorteile nutzen

1 Lara und Julia basteln Indianerschmuck.
Lara hat 150 rote, 38 blaue und 22 gelbe Perlen.
Wie viele sind es zusammen? Beachte den Tipp.

Rechnung: ______________________________

____

Es sind zusammen ________ Perlen.

Tipp Du rechnest geschickt, indem du immer auf ganze Zehner und Hunderter ergänzt.

Beispiel: 136 + 48 + 14 = ?
136 + 14 = 150
150 + 48 = 198

2 Konfetti versteckt die Perlenkette mit dem größten Ergebnis. Welche ist es? Rechne geschickt.

a) 181 + 168 + 219 = ____________

____

b) 441 + 293 + 707 = ____________

____

c) 555 + 316 + 134 = ____________

____

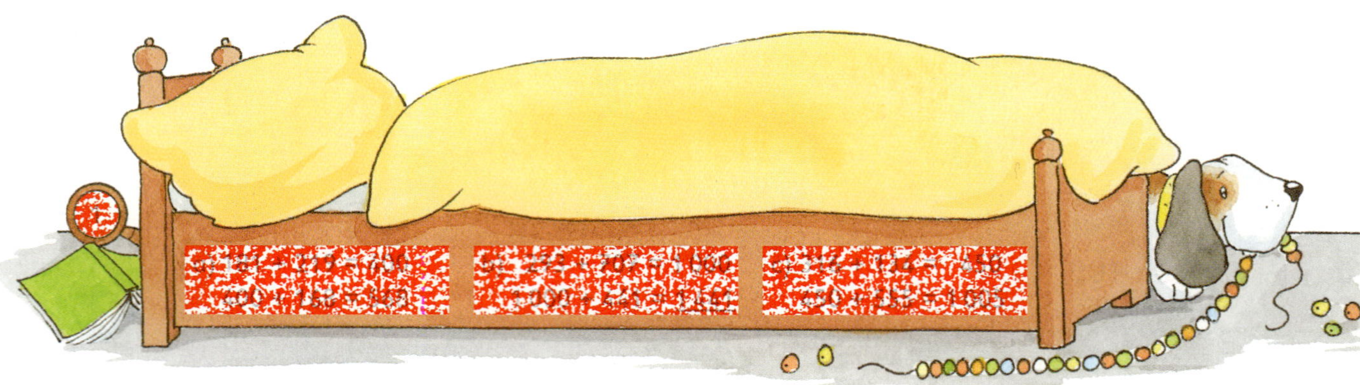

3 Insgesamt hat Lara 210 und Julia 640 Perlen.
Wie viele haben sie zusammen? Der Tipp hilft dir.

Rechnung: ______________________________

____

Es sind zusammen ________ Perlen.

Tipp Additions- und Subtraktionsaufgaben werden leichter, wenn du bei jeder Zahl die gleiche Anzahl an Nullen weglässt und am Ergebnis wieder anhängst.

Beispiel: 430 + 540 = 970   510 − 120 = 390

Rechne: 43 + 54 = 97   51 − 12 = 39

4 Rechne geschickt: Lass die Nullen weg und ergänze auf ganze Hunderter und Zehner.

a) 440 + 610 + 90 = ______________________________

____

b) 810 − 230 − 110 = ______________________________

____

c) 490 + ______________________________ = 950

d) ______________________________ + 380 = 760

5 Rechne die Aufgaben so schnell wie möglich aus.

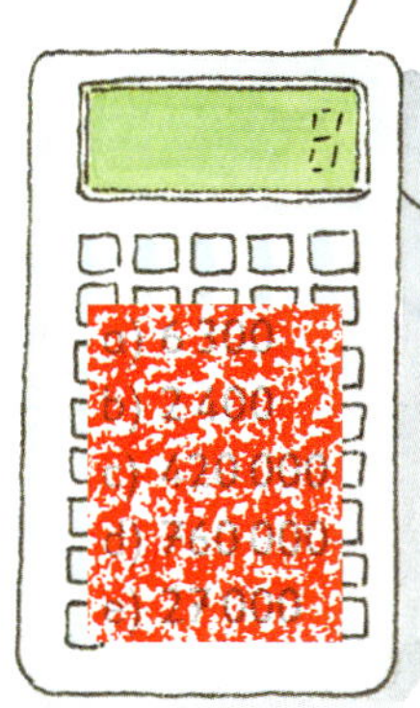

a) 100 · 63 = ______________________________

b) 3 · 800 = ______________________________

c) 70 · 6 000 = ______________________________

d) 7 600 · 100 = ______________________________

e) 30 · 900 = ______________________________

Mathematik: Textaufgaben lösen

1 Lisa kauft zwei Pullis für insgesamt 68 € und eine Jacke. Alles zusammen kostet 144 €. Rechne aus, wie viel € die Jacke kostet. Beachte den Tipp.

?

✓

!

Tipp Textaufgaben kannst du leichter lösen, wenn du bei jeder Aufgabe folgende Fragen benutzt:

- ? Was will ich wissen? Unterstreiche in Rot.
- ✓ Was weiß ich schon? Unterstreiche in Blau.
- Wie muss ich rechnen?
- ! Wie heißt die Antwort?

2 Martin schlachtet sein Sparschwein. Darin sind insgesamt 98 €. Die Hälfte seiner Ersparnisse bringt er zur Bank. Wie viel Geld bleibt übrig? Unterstreiche das Signalwort und rechne.

?

✓

!

3 Welches Rechenzeichen passt zu welchem Signalwort? Fülle die Kästchen aus.

- die Hälfte ☐
- dazu ☐
- mehr ☐
- je/jeweils ☐
- weniger ☐
- zusammen ☐

4 Die Kinder üben Weitsprung. Lara springt 3,25 m weit, Max springt 42 cm weniger. Wie viele m springt Max beim Weitsprung?

Vervollständige die Zeichnung und rechne:

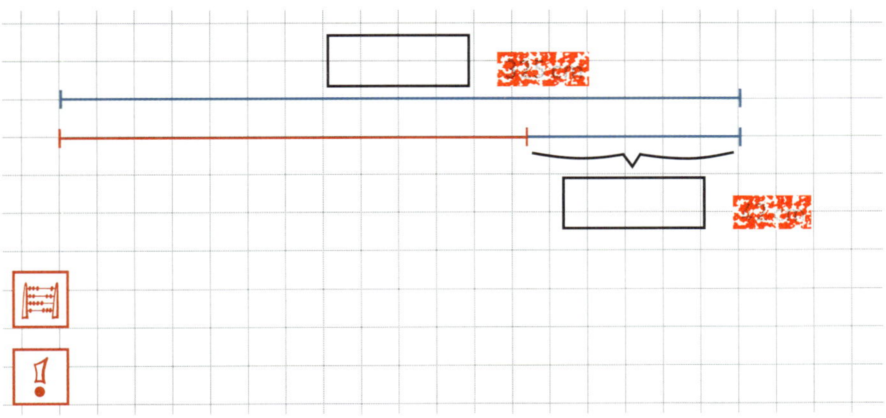

Tipp Bei manchen Textaufgaben hilft dir eine Zeichnung weiter, um den Rechenweg der Aufgabe herauszufinden.

5 Spiele schwierige Textaufgaben nach. Dann wird der Inhalt für dich verständlicher.

Aktive Mitarbeit

1 a) Jedes Kind denkt anders über Mitarbeit.
Umkreise die Denkblasen, die auf dich zutreffen.

b) Was denkst du über Mitarbeit?
Schreibe deine Antwort auf die Linien.

Tipp Mitarbeit im Unterricht lohnt sich:

- Du verstehst den Lernstoff besser und langweilst dich nicht.
- Die mündliche Mitarbeit trägt zu deiner Note bei.
- Erfolge im Unterricht helfen dir, Prüfungsangst zu überwinden.

2 Mündliche Mitarbeit erfordert Mut.
Diese Mutmacher-Sätze helfen dir.
Unterstreiche den Satz, der gut zu dir passt.

Ich darf ruhig einmal Fehler machen.

Ich melde mich, obwohl ich Angst habe.

Ich traue mir mehr zu.

Ich atme tief durch, bevor ich mich melde.

Ich will mich am Unterricht beteiligen.

3 a) Schreibe deinen Mutmacher-Satz in deine Hand oder auf eine Karte. Schau ihn dir immer wieder an.

b) Stelle dich aufrecht vor einen Spiegel und lächle deinem Spiegelbild zu. Jetzt fällt es dir bestimmt nicht schwer, deinen Mutmacher-Satz laut vorzusagen.

4 Lies die Sätze unten genau durch.
Kreuze an, was du ab morgen ausprobierst.

- [ ] Ich lese meine Hausaufgaben vor.
- [ ] Ich melde mich, auch wenn ich unsicher bin.
- [ ] Ich höre während der Stunde aufmerksam zu.
- [ ] Ich melde mich in jedem Fach einmal.
- [ ] Ich frage nach, wenn ich etwas nicht verstehe.

Informationen suchen

1 Sven bereitet ein Referat für die Schule vor.
Im Internet findet er mithilfe von Suchmaschinen Informationen zu seinem Lieblingstier.

Suchmaschinen für Kinder:
www.blinde-kuh.de
www.milkmoon.de
www.kindernetz.de
www.trampeltier.de

Internetseiten für die Schule:
www.schultuer.de
www.mathe-spass.de (Matherätsel)
www.neue-rechtschreibung.de
www.kidsnet.at (Englisch)

Probiere die Suchmaschinen doch mal aus.
Informiere dich über dein Lieblingstier oder überprüfe deine Englischkenntnisse.

Diese Suchmaschine gefällt mir am besten:

2 Sven will mehr über Dinosaurier wissen.
Er gibt unter www.blinde-kuh.de *Dinosaurier* ein und findet Antworten zu diesen Fragen. Du auch?

1. Wann gab es die ersten Dinosaurier?
2. Man teilt die Zeit der Dinosaurier in mehrere Abschnitte ein. Wie heißen sie?
3. Wer bevölkerte vor und nach ihnen die Erde?
4. Wann starben die Dinosaurier aus?

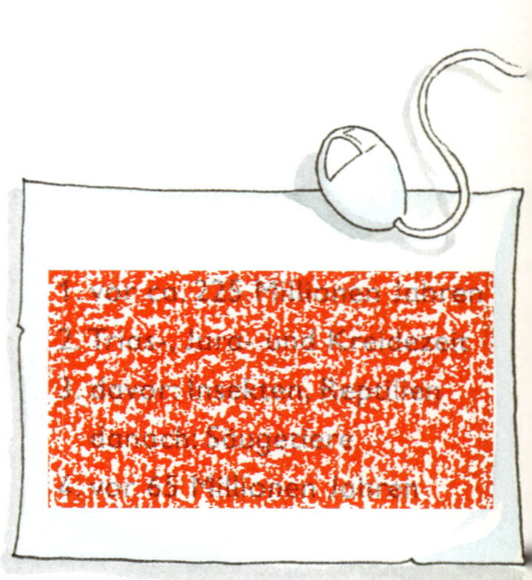

Tipp Lege alle zehn Minuten eine Internet-Pause ein und schau dir deine Ergebnisse genau an. Beantworten sie deine Fragen? Musst du wirklich noch weitersurfen? Dadurch vermeidest du hohe Gebühren.

3 Suche die Antworten. Überprüfe nach zehn Minuten deine Ergebnisse. Stelle dir dazu einen Wecker.

1. Wie heißen die acht Planeten, die um die Sonne kreisen?

____

____

2. Wie heißt das größte Tier, das jemals auf Erden lebte? ______________________________

3. Was erfand Johannes Gutenberg?

____

4. Wofür stehen die olympischen Ringe?

____

____

4 Wo kannst du noch geeignetes Material für ein Referat finden? Bringe die Buchstaben in die richtige Reihenfolge und du weißt es.

______________ ______________ ______________

Knack den Code

Auf jeder Doppelseite findest du eine kleine braune Lupe. Darin steht jeweils eine Zahl.

- Schreibe die Zahlen nacheinander auf die Linien.
- Ersetze sie dann durch die Buchstaben, die auf dem Zettel versteckt sind: zum Beispiel 18 durch den Buchstaben A.
- Trage jeweils den passenden Buchstaben unter der Zahl ein. Wie heißt der Lösungssatz?

CODE

8 =	13 =
11 =	7 =
2 =	19 =
17 =	22 =
5 =	12 =
18 =	21 =
1 =	16 =
4 =	

___ ___ ___   7 ___ ___ ___ ___ ___ 19,

___ 21 ___ ___ ___ 4 ___ ___ ___!

Code geknackt:

Fingerabdruck

____
Datum

____
Mein Detektivname

____
Unterschrift